AF369486

ÉTUDE

SUR

L'INDUSTRIE

EN SAVOIE

—

ÉLEVAGE DES VERS A SOIE

—

Par M. BARBIER

Directeur des Douanes

CHAMBÉRY 1872

ÉLEVAGE

DES VERS A SOIE

La campagne séricicole de 1870-1871 est terminée ; les éducations sont finies partout depuis longtemps, et la vente des cocons est venue rémunérer d'une manière très-satisfaisante les personnes qui ont pu consacrer quelques capitaux et un peu de temps à cette utile industrie, soit à la ville soit à la campagne.

Mais avant de rendre compte des résultats obtenus, il n'est pas inutile peut-être de jeter un coup d'œil rapide sur le passé de l'élevage des vers à soie et de la filature en Savoie.

L'éducation des vers à soie et les diverses manipulations de la matière textile si précieuse qu'on en tire, ont été dès longtemps connues et pratiquées dans ce pays.

On doit au duc Emmanuel-Philibert l'intro-
duction du mûrier dans ses Etats. C'est vers
l'an 1576 qu'il en fit planter une immense
quantité, et cet arbre prospéra de suite d'une
manière remarquable, surtout dans les environs de Chambéry, du Pont-de-Beauvoisin,
Saint-Genix, Yenne, etc.

Le climat tempéré de la Savoie est, on le
sait, éminemment propre à la culture de cet
arbre, qui se développe rapidement dans un sol
qui lui est favorable.

Voici, en effet, ce que disait, au commencement de ce siècle, M. Verneilh dans son ouvrage sur la Savoie : « Le mûrier blanc réussit
« dans la majeure partie des vallées, savoir :
« dans les cantons situés le long du Rhône,
« depuis la rivière du Fier jusqu'au Pont-
« de-Beauvoisin ; dans les campagnes de Ru-
« milly, d'Annecy et d'Aix ; dans le bassin et
« la vallée de Chambéry, depuis le lac du
« Bourget jusqu'à Montmélian ; dans la vallée
« de l'Isère depuis Montmélian jusqu'à Con-
« flans et même dans plusieurs autres parties
« jusqu'à Moûtiers ; à l'embouchure de la vallée
« de la Maurienne, etc.
« Le terrain est si favorable à la végétation

« de cet arbre utile, à environ une lieue au-des-
« sous et au-dessus d'Aiguebelle, qu'il y croît,
« dit-on, sans culture. On pense qu'il en serait
« de même de l'immense domaine que l'endi-
« guement des eaux de l'Isère et de l'Arc au
« point de leur jonction restituerait à l'agri-
« culture. La chute des fabriques de Lyon, qui
« eut lieu en 1793 ou 1794, jeta dans le temps
« une grande défaveur sur la culture des mû-
« riers ; on les arracha dans quelques endroits
« pour leur substituer des arbres à fruits. »

On trouve également dans un petit ouvrage
sur l'agriculture, intitulé : *Savoie et Savoyards,*
une appréciation semblable, qui vient confir-
mer celle de M. Verneilh.

« Les mûriers, dit M. Montmayeur, auteur
« de l'ouvrage dont il est question, ont eu leur
« âge d'or ; mais à toute belle médaille il y a
« un revers ; soumettons-nous donc, s'ils tra-
« versent aujourd'hui leur âge de fer. Forte-
« ment éprouvée par la désastreuse maladie
« des vers à soie, cette culture subit un mo-
« ment d'arrêt ; aussi, ajoute-t-il, ne m'en
« occuperais-je que pour constater avec M.
« Francis Bachet, de Verrier, que « le sol
« de notre Savoie est presque tout entier pro-

« pice à la culture du mûrier. On n'en excepte
« que les zones élevées des montagnes, les
« sommités des coteaux inclinés au nord, les
« terres gypseuses, argileuses, les marais et
« les terrains tourbeux. Il est peu de commu-
« nes qui ne contiennent, sinon toutes les
« classes de climats, au moins toutes les clas-
« ses de sols qui conviennent au mûrier et qui
« sont propres à la culture de la vigne et du
« chanvre. Toutes les localités exposées au
« levant, au midi et au couchant, abritées des
« vents du nord, où le raisin acquiert de la
« maturité, offrent toutes les chances de pros-
« périté pour cette culture : tels que les envi-
« rons d'Annecy, les coteaux de Frangy, de
« Thonon et d'Evian, dans la Haute-Savoie ;
« les bassins de Chambéry, les vallées de La
« Rochette, de l'Isère et de la basse Maurienne,
« dans la Savoie.

« A Passy, au-dessus de Sallanches, il y a
« quelques années, on a essayé une plantation
« de mûriers qui a bien réussi. A Vieugy, les
« mûriers sont très-beaux et d'une belle venue ;
« à Alex, il en existe de séculaires, qui ont
« été abattus lors de la Révolution française
« (on en voit de pareils à Tours, près d'Albert-

« ville, à Aime en Tarentaise), ce qui établi-
« rait que, depuis longtemps, on s'occupe de
« sériciculture dans le pays. »

Enfin, M. P. Tochon, dans son *Histoire de
l'Agriculture*, dit qu'on trouve des mûriers de
tout âge, à peu près partout en Savoie ; on en
a moins planté dans la Haute-Savoie, qui se
trouve dans des conditions climatériques peu
favorables à sa réussite ; cependant, dit-il, on
fait des éducations de vers à soie dans l'arrondissement d'Annecy et même de Saint-Julien.

Le mûrier blanc greffé est le seul qu'on cul-
tive pour l'éducation des vers à soie. On voit
donc tout l'intérêt qui s'attache à la culture de
cet arbre utile ; on ne saurait trop encourager
les plantations qui pourraient se faire sur le
bord des routes et dans une foule d'endroits où
ils deviendraient, sans doute, une source de
revenus pour les communes.

Si, ainsi que l'a dit M. Montmayeur, en
1865, il faut se résigner à lui voir traverser son
âge de fer, l'âge d'or reviendra pour lui avec la
cessation de la maladie qui a frappé les vers à
soie ; il faut espérer qu'on ne se laissera plus
aller au découragement en abattant des plantations qui peuvent rendre d'autres services.

L'écorce de mûrier peut être employée, en effet, comme succédané du chiffon dans la fabrication du papier (1).

Pour terminer, je dirai que sous l'empire de l'ancienne législation du royaume de Sardaigne, en vertu du tarif de 1830, les feuilles de mûrier étaient prohibées à la sortie. A l'entrée, elles furent taxées à raison de 0,10 cent. les 100 kilog. jusqu'en 1851.

La loi du 14 juillet 1851 les assujettit simplement au droit de 50 cent. les 100 kilog. à la sortie.

En 1852, en vertu de la loi du 11 juillet, elles furent exemptées de toute taxe.

Sous l'empire de la loi française, les feuilles de mûrier étaient assimilées au fourrage, et étaient exemptes à l'entrée, importées par navires français et par terre. A la sortie, elles

______

(1) La Société d'encouragement pour l'industrie nationale, à la recherche d'un papier imitant celui de Chine, avait proposé entre autres prix une récompense : 1° pour la culture du mûrier et la mise dans le commerce des jeunes écorces de cet arbre, ainsi que pour la fabrication d'un papier d'écorce pouvant être substitué au papier de Chine.

Ces questions ont amené principalement les essais de **M.** Delapierre, auquel la Société d'encouragement accorda un prix de 6,000 francs.

étaient frappées d'un droit de balance de 0,10
cent. par 100 kilog.

Les diverses dispositions législatives des
xvie, xviie et xviiie siècles montrent que l'industrie de la soie fut toujours l'objet des plus
vives préoccupations des souverains du Duché
de Savoie.

Aux termes d'un des articles de l'édit du 15
décembre 1633, qui se fait remarquer par l'ensemble de ses dispositions libérales, les soies
fabriquées en Savoie, et allant en Piémont,
devaient être exemptes de tous droits pendant
une période de six années.

En 1752, un nouvel édit porte abrogation de
la défense faite précédemment de laisser sortir
de Savoie des soies fabriquées, moulinées ailleurs que dans l'hôpital général de Chambéry,
qui jouissait d'un privilége exclusif, qui
avait été renouvelé en 1733 par le roi Charles-
Emmanuel III.

Cet arrêt est basé d'une part sur le fait que
la production de la soie augmentant dans des
proportions importantes, les moulins de l'hôpital de Chambéry ne se trouvent plus suffisants
pour mouliner toute la soie produite, ce qui est
une gêne pour le commerce ; et d'autre part

sur le besoin que l'on commence à éprouver de se rendre un compte exact de la production séricicole du pays.

Le nombre des moulins à soie s'était en effet rapidement augmenté.

A la fin du xvie siècle, quelque temps après les plantations de mûriers ordonnées par Emmanuel-Philibert, son successeur le duc Victor-Amé Ier fit établir quatre moulins à Annecy, mais ils furent incendiés et complétement détruits pendant la guerre de 1691.

En 1616, il y en avait également à Chambéry, qui étaient la propriété de Pierre Richard, de Gex, et de Pierre Bocquin.

En 1610, Jacques Charvet fit établir trois moulins à soie à Thônes ; le sieur Parent, savoisien, négociant à Lyon, à qui il les vendit en 1679, les porta au nombre de six, et cet établissement fut très-florissant et lucratif jusqu'en 1711, époque à laquelle étant passés en d'autres mains, ils périclitèrent jusqu'au moment où la maison Faure les rétablit de telle sorte qu'à la Révolution on y fabriquait encore des bas de soie d'excellente qualité.

Le but qu'on se proposait également d'atteindre se révélait dans les dispositions d'un autre article de l'arrêt précité, qui ordonnait de consigner toute la soie recueillie dans le Duché, ainsi que celle qu'on voudrait exporter.

En 1773, se fondait la fabrique de gaze de Chambéry, sous la direction de M. Marc Dupuy, qui devait donner à cette industrie et à la production de la soie, dont il avait besoin, un développement si avantageux pour son pays.

Pour arriver à d'heureux résultats, M. Dupuy fut obligé d'établir une filature habilement conduite afin d'avoir des soies d'un choix tout particulier qu'il ne pouvait se procurer nulle part.

Les soies blanches furent tout particulièrement l'objet de ses recherches, d'observations et d'expériences constantes et suivies ; ce ne fut qu'en 1782 qu'il parvint à en obtenir d'un degré de blancheur qu'on ne trouvait qu'à Chambéry.

M. Dupuy se procura, par l'entremise de M. de Trudaine, des graines de cocons de la Chine ; il les fit éclore et cultiver ; il en obtint des cocons d'une blancheur extraordinaire, mais ils présentaient le défaut d'être satinés et ne purent être filés. Ce défaut et la grande blancheur

de ces cocons firent naître chez M. Dupuy l'idée
de les marier avec les plus beaux cocons blancs
de Novi ; il dut ces derniers à l'obligeance de
MM. Bollord et Gaio, de Turin. Il fit éclore
les deux qualités réunies, et l'année suivante
ils furent acclimatés. Dès lors, cette nouvelle
espèce fut propagée, mais avec beaucoup de
peine dans les environs de Chambéry.

En 1778, des lettres-patentes du roi Victor-
Amédée III accordèrent un privilége exclusif
pour le moulinage de la soie dans le marquisat
de Thônes et dans les environs. Un de ces
moulins existait encore à Thônes quelques années avant la Révolutien de 1792.

M. de Bonnaire, dans le Mémoire secret
qu'il adresssait au cabinet de Versailles en
1742, pendant l'occupation espagnole en Savoie, indiquant les ressources industrielles
qu'il était possible de trouver en ce pays, disait
entre autres choses à propos des soies : « **La**
« plantation et culture des mûriers blancs et
« rouges ne seraient pas moins avantageuses
« pour le pays que l'extraction des bois et la
« fouille des mines ; il est vrai qu'elles n'y sont
« pas absolument négligées, mais le terrain
« est si propre pour les faire croître en peu de

« temps, qu'on pourrait les multiplier autant
« qu'on le voudrait ; ce serait un moyen,
« comme on le voit, de pouvoir y élever beau-
» coup plus de vers à soie qu'on y en nourrit
« ordinairement, et il conviendrait d'autant
« plus de recommander aux Savoyards la cul-
« ture de ces arbres dont les feuilles servent
« de nourriture à ces riches insectes, que la
« soie qu'ils produisent serait presque aussi
« belle et aussi bonne que celle du Piémont,
« s'ils savaient bien la tirer de dessus les
« cocons et la mouliner comme il faut. Le
« sieur de Bonnaire ne soutenait cette parti-
« cularité constante, qu'après divers ouvriers
« en soie avec lesquels il a eu des entretiens à
« ce sujet.

« Ceux de Lyon n'en ignorent pas l'excel-
« lente qualité, puisqu'ils viennent toutes les
« années y acheter celle qui leur paraît la plus
« parfaite. La moins bonne reste dans le pays
« et sert pour des ouvrages communs particu-
« lièrement pour les bas au métier.

« Il s'en fait à Chambéry, quand on le veut,
« d'aussi fins qu'à Lyon et à Paris. Le grain
« en est très-beau ; ils sont unis, luisants et
« ne cotonnent pas. »

Les statistiques antérieures à cette époque, n'ont point été établies avec la même régularité partout, ou bien il n'en reste plus de traces, car il n'est point possible de se rendre un compte exact de la production séricicole en Savoie.

Cependant, avant 1792, il est établi par des documents officiels que les communes de Cruet, Saint-Jean de la Porte, Saint-Pierre d'Albigny, Fréterive et Grésy-sur-Isère donnaient en moyenne.............. 300 q. de cocons
Montmélian et les environs. 300 »   —
Aiguebelle, Aiton, Chamoux,
  Le Betton, La Rochette.. 100 »   —
Aix et Le Bourget......... 200 »   —
Yenne et les environs...... 100 »   —
Chambéry et les environs... 300 »   —
soit en totalité 1,300 quintaux auxquels il convient d'ajouter 14 quintaux, produits de la Maurienne, et 8 quintaux fournis par la Tarentaise, ce qui portait la production totale de la Savoie à 1,322 quintaux, soit 132,200 livres ou 55,259 kilog.

On peut voir par ces chiffres que déjà à cette époque l'éducation des vers à soie prenait une sérieuse importance.

Le quintal de cocons produisait 8 livres de soie tirée en organsin. Dans ces conditions, la somme des produits avait été de 10,576 livres auxquelles on peut assigner une valeur de 169,216 livres d'argent. Bien que les documents compulsés ne donnent aucune indication bien précise quant aux chiffres des valeurs, on trouve un renseignement qui peut servir de base pour l'évaluation du prix des soies. Il s'applique à une partie de 110 livres de soie de Maurienne qui auraient été vendues à Chambéry à raison de 1,760 livres argent, soit 16 livres la livre. Ce chiffre est en concordance avec ceux qu'on trouvera un peu plus loin et qui s'appliquent à une époque postérieure.

Les mêmes documents indiquent que les communes de Rumilly, Pont-de-Beauvoisin, les Echelles, Saint-Genix, vendaient de préférence leurs soies pour l'exportation, tandis que les autres en trouvaient plus volontiers le débouché à Chambéry même.

On verra plus loin que la production de la soie fit des progrès rapides, et que les encouragements ne manquèrent pas de la part du gouvernement pour la stimuler.

Un auteur, que l'on consulte toujours avec fruit, lorsqu'il s'agit de la topographie, de l'industrie, du commerce, des mœurs et des habitudes de la Savoie, M. Verneilh, donne sur cette branche de l'industrie locale des détails intéressants sur ce qui se passait de son temps (1806).

L'éducation des vers à soie, dit-il, n'est pas trop ancienne dans le pays. Suivant un Mémoire, sans date, et dont l'écriture semble indiquer le peu d'ancienneté, qui s'est trouvé dans les Archives du gouvernement sarde à Turin, il y avait alors moins de 30 ans qu'on ne faisait pas de soie en Savoie.

Cette opinion du publiscite éminent admise par lui sans contrôle, sans doute, n'est point exacte. Il est bien établi au contraire, par diverses dispositions législatives dont j'ai parlé plus haut, que l'éducation des vers à soie est fort ancienne. Les plantations de mûriers ordonnées en 1576, en sont d'ailleurs une preuve authentique et irrécusable.

Il s'en fait aujourd'hui, ajoute le Mémoire, pour plus de 4,000 pistoles par an (c'est-à-dire pour plus de 96,000 livres de Piémont, puisque la pistole de ce pays valait 24 livres), et l'on

en ferait beaucoup davantage, si l'on ordonnait
de planter des mûriers partout où le terrain y
est propre.

Le contingent particulier actuel du département
du Mont-Blanc pourrait, ajoute Verneihl,
entrer dans l'évaluation ci-dessus pour 50 à
60,000 livres.

Les cantons où l'on se livrait sur la plus
grande échelle à la culture du mûrier étaient
ceux du Pont-de-Beauvoisin, d'Yenne et de
Saint-Genix; la Chautagne, la vallée de Chambéry, celle de l'Isère, depuis Montmélian jusqu'à Conflans et même plus haut, enfin la
vallée de La Rochette et du Betton jusqu'à
Aiguebelle.

Les désastres de la ville de Lyon se firent
sentir d'une manière sensible jusque dans les
vallées de la Savoie. Lorsqu'on vit la chute des
manufactures de cette ville, on désespéra trop
tôt de les voir se relever, et l'on détruisit sur
quelques points les mûriers pour leur substituer des arbres à fruits.

On reconnut bientôt depuis la faute que l'on
avait commise, et l'on chercha à la réparer. La
concurrence des soies de Piémont, favorisée par
la réunion de cette contrée à la France ainsi

2

que par l'ouverture de la nouvelle route du
Mont-Cenis, devait influer, pensait-on, sur la
valeur relative des soies du département du
Mont-Blanc, mais il était certain aussi que
celles-ci auraient toujours du moins pour elles
l'avantage de la proximité.

La variété des vers à soie dits *Nankins*,
qui donne une soie très-estimée, paraissait dès
lors prospérer fort bien dans le pays.

M. Dupuy assurait en avoir fait d'heureux
essais, et l'on prétendait que sa *coconnière*
donnait des soies aussi belles que celles qu'on
tire de la Chine. Malheureusement cette espèce de vers n'était encore que très-peu ré-
pandue.

Il ne s'agissait, disait-on, pour les multiplier que d'en espacer les individus beaucoup
plus qu'on avait coutume de le faire pour ceux
de l'espèce ordinaire.

En 1806, on évaluait la production des cocons du pays à une somme de 100,000 francs,
et celle des soies qui en étaient extraites, soit
en grége soit en organsin, de 360 à 400 mille
francs.

Les auteurs du temps nous ont conservé la
description des moulins à soie qui existaient

avant la Révolution, et dont une partie fonctionnait encore sous l'empire.

Ces moulins consistaient en trois grandes plantes de filage, chacune de trois vergues , et chaque vergue de vingt baguettes ; quatre plantes de tordage de trois vergues , et de vingt guindres par vergue; vingt-cinq banques de dévidage, et huit de doublage.

Ces appareils donnaient, on le conçoit facilement, des produits très-imparfaits ; on constatait en outre ce fait qu'indépendamment de ce que les soies du département du Mont-Blanc avaient en général le brin trop fin, ce qui était attribué à la vivacité de l'air, elles ne pouvaient être filées assez fin pour la fabrication des gazes ou au moins en quantité suffisante. On était obligé d'employer les soies du Piémont et de la Ligurie, les seules qui pussent sortir librement à l'état de gréges ou écrues.

Le peu de cocons blancs qu'on était d'ailleurs en usage de faire en Savoie ne pouvait fournir que le quart de la soie qui se consommait dans la fabrique de Chambéry.

Frappé des inconvénients de cet état de choses, M. Dupuy s'occupa, avec un soin et une persévérance dignes d'éloges, de la régénéra-

tion de la race des vers à soie en Savoie. Par
d'habiles et intelligents croisements avec certaines races d'Italie, il obtint une variété dont
on se sert actuellement et qui s'est parfaitement acclimatée dans le pays. Elle a toujours
donné les meilleurs résultats jusqu'au moment
où la maladie venant à sévir sur les vers à soie
indigènes, on fut obligé d'avoir recours aux
graines exotiques, tirées de la Chine ou du
Japon, qui remplacèrent, mais sans avantage,
les vers à soie du pays.

En 1813, la récolte des cocons dans l'arrondissement de Chambéry, celui de tous qui
en produit le plus, avait été en totalité de
14,949 kilog., qui avaient été vendus au prix
moyen de 2 fr. 36 cent. le kilog. et avaient produit une somme de 35,281 fr. 64 cent.

Un grande partie de ces cocons avait été
vendue en nature ; cependant on avait filé dans
le pays même 961 kilog. de soie grége qui pro-
duisirent, à raison de 35 fr. le kilog., 33,635
kilog. et 33 d'organsin qui, au prix de 36 fr.
le kilog., avaient donné 1,188 francs, soit en
totalité 34,823 francs.

Cette somme jointe à la première, porte à
70,000 fr. l'argent que cette industrie avait ré-

pandu dans les treize communes qui s'y étaient
livrées.

Les documents officiels dont sont extraits
ces chiffres constatent que la récolte n'ayant
point parfaitement réussi, il avait fallu 13
kilog. de cocons pour obtenir 1 kilog. de soie.
On a vu plus haut qu'en 1792, pour produire
la même quantité, il ne fallait que 12 kilog.

En 1821, suivant M. Bellemin, il se faisait
beaucoup de soies dans le pays. On recherchait
principalement celles qui se faisaient à Saint-
Genix ; elles avaient un brillant et une finesse
qu'on attribuait, dit-il, à la nature du sol et à
la manière de les filer.

On demandait avec instance à cette époque
que le gouvernement voulût bien protéger cette
branche d'industrie, et qu'en attendant l'établissement d'ateliers de moulinage dans le
pays, et à portée des localités de production,
on permît la sortie des soies gréges en payant
un droit qui pût être acquitté dans tous les bu-
reaux-frontières.

La production de la soie en Savoie ne cessa
de préoccuper les personnes qui s'intéressaient
à cette question, de même qu'elle était l'objet
des soins attentifs du gouvernement. Dans le

compte-rendu de l'exposition qui eut lieu à Turin en 1832, le rapporteur, M. Marin, disait que M. Dupuy fils, qui avait succédé à son père, avait déjà exposé, en 1829, des soies blanches, qui avaient fait l'admiration des connaisseurs.

Mais sa production était exceptionnelle ; on se plaignait en général que la soie était mal traitée, et cependant, on trouvait à Lyon un débit avantageux des soies de qualité inférieure, parce que l'industrie de cette ville en avait besoin et qu'elle les prenait à un prix parfaitement rémunérateur, alors qu'elles n'étaient pas de vente en Savoie.

Durant la longue période qui s'étend depuis le retour de la Maison de Savoie, en 1815, jusqu'en 1848, la production de la soie suivit une marche régulière. Mais les idées restrictives qui dominèrent dans l'ensemble des tarifs des douanes paralysèrent l'essor que cette industrie pouvait prendre, et provoquèrent, à diverses reprises, de vives et légitimes réclamations de la part de ceux qui s'occupaient de l'élevage des vers à soie. J'ai dit plus haut qu'en 1821, on formulait déjà le vœu de voir le gouvernement protéger cette bran-

che d'industrie et permettre, en attendant l'é-
tablissement d'ateliers de moulinage dans le
pays, et à portée des centres de production, la
sortie des soies gréges en payant un droit qui
pût être acquitté dans tous les bureaux-fron-
tières.

Ce vœu souvent renouvelé ne reçut un commencement d'exécution qu'en 1835. Dans un
rapport fait par M. le comte Marin, au nom de
la Chambre royale d'Agriculture et de Commerce de la Savoie sur l'exportation de la soie
grége, le principe de la gratuité de l'exportation avait été adopté, à l'unanimité, par la
Chambre, dans sa séance du 26 décembre
1834.

Les motifs indiqués par le rapporteur étaient
nombreux et sérieux.

Il expliquait notamment qu'à cette époque,
l'impossibilité de mouliner les soies en Savoie
ne permettait pas de tirer de l'élevage des vers
à soie un profit réel et utile pour le pays, forcé
qu'on était de la vendre dans des conditions
peu avantageuses à l'intérieur.

D'un autre côté, la condition des soies du
pays qui pèsent beaucoup plus que celles du
Piémont avec un métrage moindre, crée une

situation fâcheuse pour le paysan qui ne peut les envoyer mouliner à façon.

Enfin, on faisait ressortir les avantages qu'on aurait à vendre les soies gréges à Lyon et dans le Dauphiné dont les soies ont en général moins de nerf.

C'est seulement l'année suivante, en 1835, à la suite vraisemblablement de cette délibération importante de la Chambre, que le gouvernement se décida à donner un commencement de satisfaction au vœu exprimé depuis si longtemps. Aux termes, en effet, d'un manifeste caméral du 7 avril 1835, les soies gréges de la Savoie peuvent sortir moyennant l'acquittement d'un droit de trois livres par kilogramme; mais les expéditions sont bornées aux bureaux de Chambéry et de Léluiset.

En 1836, les expéditions de l'espèce furent autorisées par les bureaux de Leyssaud, les Marches, les Echelles, Yenne, Seyssel, le Châble, Arvillard, Saint-Genix, la Balme, Lucey et Chanaz.

En 1838, le droit de sortie de trois livres par kilog. fut réduit à deux livres pour les soies exportées de Savoie, à charge de remplir certaines formalités qui étaient spéciales à ce pays.

Plus tard, un manifeste caméral du 5 janvier 1845, étendit cette faculté à tous les Etats sardes, et le tarif de 1852 abaissa les droits de sortie qui furent définitivement fixés à un franc par kilog. pour les soies gréges.

En 1843, un manifeste caméral du 13 mai portait permission d'exporter des cocons de toute espèce, moyennant un droit de 50 cent. par quintal.

Les dispositions libérales du gouvernement ne purent malheureusement point avoir, ainsi qu'on était en droit de le penser, de résultats sérieux pour les intérêts du pays.

La maladie des vers à soie vint, en effet, jeter une singulière perturbation dans cette industrie.

La *pebrine* fit son apparition pour la première fois en 1854 ; la première année son intensité fut assez faible, mais elle augmenta bientôt graduellement chaque année pour atteindre son maximum en 1858. Depuis cette époque, elle accusa une tendance à diminuer et ce ne fut que dix ans après, en 1868, qu'on put constater d'une manière à peu près positive que le mal était en voie de disparaître entièrement.

Malheureusement la *pebrine* n'était pas seule à affecter les vers à soie ; les affections ordinaires auxquelles sont sujets ces animaux, la *muscardine*, la *gattine*, l'*atrophie*, la *grasserie*, le *morts-flats*, etc., prirent un caractère endémique et plus désastreux que d'ordinaire sous l'influence de la première affection morbide.

Les conséquences de cet état de choses furent désastreuses pour la Savoie ; les mûriers furent abattus en grand nombre, sans qu'on se préoccupât de l'avenir.

La filature des cocons qui occupait un assez grand nombre de bras, et procurait aux populations agricoles d'une certaine partie du pays une rémunération assez importante, fut frappée d'une paralysie complète.

Aussi la crise commerciale et industrielle qui survint, en 1857, fit-elle fermer le plus grand nombre de ces établissements qui s'occupaient exclusivement du filage. C'est ainsi que la filature importante de La Rochette, qui avait été établie en 1849, et qui comptait soixante bassines, fonctionnant d'après le système Chambon, et produisait annuellement 3000 kilogrammes de soie, fut obligée de suspendre ses opérations. Il en fut de même des usines moins importantes, il est vrai, de Saint-Genix et d'Yenne; de telle sorte qu'il ne resta plus que celle de M. Vernaz, à Myans, et celle de Mme Martin-Franklin, à Chambéry.

Il s'est établi tout récemment au Betton-Bettonnet une filature de cocons, qui porte le nombre de ces établissements actuellement existant en Savoie à TROIS.

La maladie des vers à soie, qui a été un véritable fléau pour les contrées séricicoles, et pour toutes les contrées qui mettaient en œuvre cette précieuse matière textile, a naturellement soulevé de nombreuses controverses et préconisé une foule de remèdes dont la plupart ont été complétement inefficaces.

Parmi les personnes qui se sont le plus occupées de cette question si intéressante à plus d'un titre, et qui ont rendu par leurs études scientifiques les plus grands services, il convient de citer M. Pasteur, l'éminent physiologiste qui, par ses efforts persévérants dans la question de la sélection des graines, a contribué sans aucun doute pour la plus large part à l'extinction de la maladie.

Des récompenses nationales, offertes par di-

vers pays de l'Europe, sont venues témoigner
à l'illustre savant de l'intérêt qui s'attachait
aux résultats obtenus par ses études.

A Chambéry même, un médecin distingué,
M. le docteur Carret, pénétré des inconvénients
des appareils ordinaires de chauffage des ma-
gnaneries, a cherché avec persévérance et
trouvé un système de poêle auquel il a donné
son nom, et qui paraît appelé à rendre d'utiles
services à la cause de la sériciculture.

De nombreuses commandes venues d'Italie
permettent de penser qu'il en sera bientôt de
même en France, et que le mode de chauffage
du docteur Carret prendra un développement
favorable à l'industrie de la soie.

Si le système de sélection des graines, re-
commandé par M. Pasteur, paraît avoir amené
une grande amélioration dans la marche de la
maladie, il est certain qu'il produit un résultat
des plus avantageux sur la réussite des éducations.

A l'appui de cette opinion, je puis citer l'af-
firmation de plusieurs personnes compétentes,
qui attestent qu'un grand nombre d'éducateurs
échangent leurs graines entre eux, afin de ne
pas élever leurs propres produits, et obtiennent

ainsi, au moyen de ce procédé si simple, les résultats les plus satisfaisants.

La division des éducations paraît aussi avoir exercé une heureuse influence dans la marche de la maladie.

L'éducation des vers à soie pratiquée sur une petite échelle, il est vrai, mais par un nombre considérable d'individus, offre plus d'avantages et moins de pertes que les grandes éducations.

Les femmes peuvent s'en occuper facilement sans abandonner pour cela les travaux du ménage ou de la ferme. La récolte se faisant de bonne heure, le travail des hommes, qui est nécessaire pendant les quinze derniers jours, peut lui être consacré très-utilement sans danger pour les autres travaux des champs, qui en ce moment ne réclament pas impérieusement leur concours.

Tout milite donc en faveur de la diffusion d'une industrie si utile et qui offre tant de conditions de bonne réussite en Savoie.

Aussi, c'est dans ce sens, à mon avis, qu'il conviendrait que dut s'exercer l'initiative du gouvernement, afin de venir en aide d'une manière efficace aux efforts des particuliers.

Il pourrait être, chaque année, distribué sur les fonds départementaux, aux cultivateurs peu aisés qui en feraient la demande, une certaine quantité de graines dont ils se chargeraient de faire l'éducation et dont ils recueilleraient les profits.

Le prix de la graine ayant été cette année en moyenne de quinze francs l'once de vingt-cinq grammes, on pourrait, avec une somme relativement minime, encourager et propager cette industrie dans le département.

Quelques primes, distribuées avec discernement pour des plantations de mûriers faites dans d'intelligentes conditions, compléteraient cette mesure qui, je crois, produirait de bons résultats pour les intérêts généraux du pays.

L'éducation des vers à soie s'est faite pendant l'année 1870-71 dans soixante-quatorze communes du département de la Savoie; du moins est-ce ce nombre qui a pu être relevé officiellement, une grande partie des éducations (25 0/0 au moins), échappant à toute investigation soit par mauvaise volonté, insouciance, crainte des impôts nouveaux, etc.

L'arrondissement de Chambéry comprenait soixante-neuf communes, celui d'Albertville deux, et celui de St-Jean de Maurienne cinq.

Les cantons où l'éducation a eu le plus d'importance sont ceux de Saint-Genix, Yenne, Pont-de-Beauvoisin, Ruffieux, Montmélian, Chambéry, la Motte et Chamoux. Puis viennent ensuite ceux de Saint-Pierre d'Albigny, d'Aiguebelle, d'Aix et d'Albertville, enfin ceux de Grésy-sur-Isère, de Saint-Jean de Maurienne et d'Albens.

Sans vouloir faire l'énumération des communes, il convient cependant de citer celles de Saint-Genix, de Champagneux, d'Yenne, de Belmont-Tramonet, de Domessin, de la Balme, comme ayant donné le plus de résultats au point de vue de l'éducation.

Dans les soixante-quatorze communes dont il a été question plus haut, 1,915 personnes s'étaient livrées à l'éducation des vers à soie. Dans ce nombre 156 se sont livrées exclusivement à l'élevage en vue d'obtenir de la graine, et 988 éducateurs avaient fait leur graine eux-mêmes ; 771 éducateurs avaient donc dû demander leur graine à la spéculation.

Les 1,915 personnes qui s'étaient ainsi occupées de l'éducation des vers à soie avaient mis à l'éclosion 3,092 onces de graines.

Sur cette quantité, les Japonais s'élèvent à 1,147 onces, soit 37 0/0 du produit total, les étrangers autres (Italiens) à 108, soit 3,50 0/0, et les indigènes (Savoie) à 1,837, soit 59,50 pour 100.

Le rendement des graines des races japonaises avait varié de huit kilog. en minimum à quarante-sept kilog. en maximum ; mais la moyenne habituelle paraît être de vingt-un kilogrammes.

Les communes dans lesquelles on a le plus élevé des graines du Japon sont celles de Yenne, la Balme, Champagneux, Saint-Genix, Belmont-Tramonet, Domessin et le Pont-de-Beauvoisin.

Dans les communes des cantons de Montmélian, Aiguebelle, Chamoux, Chambéry, la Motte, Ruffieux, cette variété n'a été l'objet que d'un nombre très-restreint d'éducations.

Les races étrangères (autres que du Japon, d'Italie) ont été l'objet d'éducations peu importantes, il est vrai, dans les seules communes d'Yenne, Domessin, Fréterive, le Bourget et Bourgneuf. Le rendement a varié de vingt kilog. à quarante-deux kilog., soit une moyenne de trente kilog.

Dans la commune de Bourgneuf, le rendement n'a pas été moindre de 50 kilog. par once.

Ce rendement pour les graines de races françaises (du pays), a varié de 10 kilog. au minimum, à 48 kilog. au maximum. La moyenne peut approcher de 29 kilog.

Les cantons du Pont-de-Beauvoisin, Yenne, Chambéry, Ruffieux et Chamoux, ont offert le moins de variations dans le rendement.

Au contraire, ceux de Saint-Genix, Montmélian, la Motte, ont présenté de grands écarts.

C'est dans les communes des cantons de Saint-Genix, Yenne, Pont-de-Beauvoisin, Ruffieux, Montmélian, que se rencontre le plus grand nombre d'éducations des races françaises ; puis viennent les communes des cantons de la Motte, Chamoux, Chambéry, Aiguebelle. Le chiffre total net de la production des cocons en 1871, relevé officiellement, a été de 55,771 kilog. Mais, ainsi que je l'ai dit plus haut, ce chiffre ne constitue pas la production entière du département connue et admise par tous les sériciculteurs. On sera dans le vrai en ajoutant 25 0/0, ce qui portera la production exacte à 70,000 kilog. de cocons ; mais il demeure en-

tendu que tous les détails qui ont été donnés
plus haut et qui suivront, sont basés sur les
chiffres officiellement donnés par les maires des
communes.

La quantité de cocons réservés pour le grai-
nage a été de 1,913 kilog. Ils ont produit 3,826
cartons ou onces de graines qui se sont vendus:
les Japonais 20 francs, les étrangers autres
16 francs , et les Français 18 francs l'once de
25 grammes, soit en totalité une somme de
72,694 francs, dont ont profité les éducateurs.

Dans toutes les communes ou à peu près, on
s'est occupé de faire de la graine. Cependant
ce sont celles de Saint-Pierre de Soucy, de
Champagneux, d'Yenne, de Saint-Genix, de
Châteauneuf, d'Avressieux, du Pont-de-Beauvoisin, de Belmont-Tramonet , de Domessin,
de Verel-de-Montbel, de Billième, de la Balme, de Laissaud, de Triviers, de Saint-Pierre
de Curtille et de Bissy, qui en ont fourni les
plus grandes quantités.

Le fait, qui se détache avec le plus d'autorité
cette année, est la diminution que l'on remar-
que dans les éducations de vers à soie japonais, parallèlement avec l'augmentation des
races indigènes.

Ainsi, sur les soixante-quatorze communes dont il a été parlé plus haut, on a, dans soixante-quatre d'entre elles, réservé des cocons français dans le but d'en obtenir de la graine, tandis que pour la race japonaise la même opération n'a été faite que dans une trentaine seulement.

Il est vrai de dire que les documents officiels se taisent sur les quantités proportionnelles de graines des deux races, mais des renseignements particuliers très-certains permettent de remédier à cette lacune, et d'affirmer que les quantités de la race japonaise ont été notablement inférieures relativement aux années précédentes.

Ce fait est bon à noter comme un indice sérieux de la reprise des affaires. On sait, en effet, que les cocons du pays rendent généralement 1 kilog. de soie par 14 ou 15 kilog. de cocons. C'est un bon rendement, si l'on considère que les 14 ou 15 kilog. sont pesés à l'achat, compris bourre, déchets, doubles, percés, etc.

Le prix de vente des cocons pour filature a été de 3 francs à 6 francs 50 cent. pour les races japonaises, en moyenne 4 francs 25 cent.;

de 5 francs 50 cent. à 8 francs pour les races
étrangères autres ; de 4 francs 20 cent. à
9 francs pour les races indigènes, soit en
moyenne 5 francs 50 cent.

Le prix général moyen qui a été payé dans
les achats faits, soit par des personnes du département, soit par les étrangers , peut être
calculé à 5 francs le kilog., qui, pour 68,087
kilog. de cocons récoltés, ont versé dans la consommation du pays une somme de 340,435
francs qui vient s'accroître de celle de 72,694
francs, dont il a été parlé plus haut pour les
ventes de graines, et forme ainsi une somme
totale de 413,129 francs acquise en majeure
partie à la population industrieuse des campagnes.

Les maladies qui ont atteint les vers à soie
sont, ainsi que je l'ai dit plus haut, la *pebrine,*
la *gatine,* la *muscardine,* etc.

Dans beaucoup de communes on n'a pas spé-
cifié , malheureusement, d'une manière bien
exacte , le genre d'affection dont ils ont été
frappés ; on s'est borné à indiquer qu'il y avait.
eu des maladies. On voit, d'après les relevés
officiels, que ces maladies ont affecté indiffé-
remment toutes les races, mais qu'elles se sont

produites dans des proportions bien différentes ainsi qu'on va le voir.

Les cantons d'Aiguebelle, de Chamoux et du Pont-de-Beauvoisin accusent une moyenne de 60, 56 et 53 0/0.

Dans la commune de Randens même, les éducations de vers à soie du Japon ont été complétement nulles, et la totalité des graines mises à l'éclosion a été entièrement perdue. mais ce fait est exceptionnel et accidentel.

Dans le canton du Pont-de-Beauvoisin, où l'on a mis à l'éclosion 491 onces de graines, la commune de Domessin a présenté une perte de 80 0/0. Il en a été de même dans celle de Coise, canton de Chamoux. Le chiffre le moins élevé dans les communes de ces trois cantons a été de 35 0/0 dans la commune de Saint-Beron. Les communes d'Argentine et de Hauteville n'ont point présenté de traces de maladie.

Les cantons de Saint-Genix, Montmélian, la Motte, Yenne, Aix, Ruffieux et Chambéry, offrent des proportions de 46, 39, 35. 32 et 30 0/0 de perte.

Dans le canton de Saint-Genix, où l'on n'a pas mis moins de 1,297 onces de graines à l'é-

closion, deux communes, celles de Saint-Genix
et d'Avressieux, n'ont point été affectées par la
maladie. Dans les cinq autres communes, les
pertes ont été de 50 0/0. Les résultats des éducations ont été identiques pour six communes
du canton de Montmélian, qui ont perdu également 50 0/0 de leurs produits.

Dans celles d'Arbin, de la Chavanne, de
Planaise et de Villard-d'Héry, il n'y a pas eu
de maladie.

Le canton de la Motte nous offre deux communes, celles de Cognin et de Bissy, où la maladie n'a point paru.

Dans celles du Tremblay et de la Motte, elle
a atteint 60 0/0 ; dans celle du Bourget, 15 0/0
seulement.

Le canton d'Yenne, où les éducateurs ont
employé 590 onces de graines, présente deux
communes, celle de Jongieux et celle de la
Chapelle-Saint-Martin, qui ont été complétement préservées.

Celle de Saint-Jean de Chevelu a perdu
70 0/0 ; celles de Traize et de Vertemex, 51 et
56 0/0 ; les autres, de 10 à 30 0/0.

Le canton d'Aix a été surtout éprouvé au
chef-lieu, qui a vu perdre 50 0/0 des produits

mis à l'éclosion ; à Brison, les pertes ont été peu sensibles ; et à Drumettaz-Clarafond elles ont été nulles. Dans le canton de Ruffieux , la commune de Chindrieux a perdu 65 0/0, celle de Servières 4 0/0 seulement ; les cinq autres de 25 à 45 0/0.

Le canton de Chambéry, mieux partagé, n'offre qu'une commune, celle de la Ravoire, qui accuse une perte de 30 0/0. Toutes les autres, au nombre de six, ont été épargnées par le fléau.

Le canton d'Albertville, qui n'offre du reste qu'une commune, présente une perte de 25 0/0. Ceux de Saint-Pierre d'Albigny, de Grésy-sur-Isère, de Saint-Jean et d'Albens, n'ont pas présenté de traces de maladie, dans les quelques communes, en fort petit nombre du reste, où l'on s'est occupé des éducations.

On a remarqué que dans quelques localités, les éducations ont presque constamment résisté à l'influence morbide qui sévissait ailleurs.

Il serait intéressant assurément de rechercher si cette immunité provient de la climatologie de l'endroit non infesté, si la situation sur les bords d'un lac, d'une rivière, sur un terrain plat ou sur un terrain élevé a pu influer sur la santé des vers à soie, ou bien si l'on doit seulement chercher la cause de cette immunité dans les soins spéciaux de quelques éducateurs.

Il ne m'a pas été possible d'asseoir une opinion un peu précise sur ce point ; les matériaux d'une semblable étude manquent totalement pour une première année, et un travail d'induction pourrait être, je crois, sujet à bien des erreurs.

Pour donner quelques exemples, il suffira de citer dans le canton de Montmélian les deux communes d'Arbin et de la Chavanne situées en face l'une de l'autre, l'une à l'est, l'autre à l'ouest, l'une sur la rive droite de l'Isère, l'autre sur la rive gauche, et dans chacune desquelles il ne s'est point produit de maladie.

Les deux communes des Marches et des Molettes, séparées par l'Isère, en face l'une de l'autre, toutes deux en plaine sont atteintes chacune dans la proportion de 50 0/0.

Dans le canton de Saint-Genix, deux communes, celles d'Avressieux et de Rochefort sont situées à peu de distance l'une de l'autre, à la même exposition, sur un terrain identique ; la première n'a pas été atteinte, la seconde perd 40 0/0 de ses produits.

Je pourrais multiplier ces citations sans arriver à un résultat positif dans le sens de l'affirmative ou de la négative, et d'ailleurs des observations semblables auraient besoin d'être faites pendant plusieurs années pour voir si les mêmes faits se reproduisent dans les mêmes localités.

On ne saurait donc tirer une induction précise des indications qui sont fournies par les statistiques officielles, mais il m'a paru bon de signaler ce fait afin d'attirer l'attention des éducateurs et de toutes les personnes qui seraient appelées ultérieurement à fournir des renseignements sur cette utile industrie, afin de ne pas négliger ce côté de la question qui ne manque pas d'importance.

La division des éducations a toujours été considérée, avons-nous dit, comme étant une des conditions les plus favorables à la réussite et comme offrant le moins de chances de maladie.

Examinons donc maintenant si les résultats constatés officiellement confirmeront ou infirmeront ces appréciations, résultat de l'expérience d'un grand nombre d'éducateurs.

Seize communes sont signalées comme se livrant à l'éducation sur une grande échelle.

Et tout d'abord, ne faut-il pas se demander si ce mot est bien applicable aux éducations qui se font en Savoie?

Il est bien évident que tout cela est relatif, et que c'est seulement dans ce sens qu'il faut l'entendre ici.

En effet, suivant les régions, le mot de grande échelle doit s'appliquer à des quantités différentes de graines.

Ainsi, le paysan lombard ou piémontais ne fait pas des éducations considérables quand il ne met que trois ou quatre onces à l'éclosion, quantité qui dépasse déjà de beaucoup les forces du petit cultivateur savoyard ou même du métayer toscan.

Il faudrait, suivant l'opinion d'un juge compétent, diviser les éducations en petites, moyennes et grandes.

Les grandes seraient celles qui exigent des locaux spécialement construits, un personnel nombreux et ayant des connaissances spéciales. En Savoie, où cette industrie sur une grande échelle n'existe pas, ce serait à partir de quinze ou vingt onces environ qu'on pour-

rait classifier ces éducations. Les éducations
moyennes de deux à quinze onces en Savoie
seraient celles faites dans les locaux ordinaires
de la ferme plus ou moins bien adaptés à cet
usage avec le personnel qui s'y trouve, augmenté seulement de la main-d'œuvre étrangère
et payée dans les dernières périodes de l'éducation.

Les petites éducations, c'est-à-dire jusqu'à
deux onces en Savoie, sont celles faites par le
paysan chez lui, avec son personnel, ses feuilles et souvent même dans la chambre qu'il
habite. Deux onces est un chiffre maximum
rarement atteint en ce cas. On trouve en effet
que la moyenne se rapproche plutôt d'une once.

Nous avons dit plus haut que soixante-quatorze communes étaient signalées comme s'é-
tant livrées à l'éducation des vers à soie. Sur
ce nombre, vingt-quatre ont été exemptes de
toute maladie.

Quarante-sept ont été infectées dans des
proportions qui ont beaucoup varié.

Trois n'ont point accusé de résultat.

Si nous prenons d'abord les vingt-quatre
communes où il n'a point été constaté de maladie, nous voyons que cinq d'entre elles

avaient élevé des quantités de graines qui étaient de 3 onces et au-dessus.

La commune de Fréterive même avait donné une moyenne de 6 onces par éducateur.

Dix communes avaient élevé de 1 à 3 onces, et neuf avaient mis à l'éclosion des quantités inférieures à 1 once. On voit déjà par ces premiers résultats que les éducations dites petites ont donné des résultats plus satisfaisants, puisque sur vingt-quatre communes non infectées, elles en comptent dix-neuf, soit 75 0/0.

Sur les quarante-sept communes qui ont été infectées par la maladie à des degrés bien divers (de 10 à 80 0/0), quatre seulement avaient élevé 3 onces de graines et au-dessus ; trente-une avaient mis en éclosion des quantités variant de 1 à 2 onces ; enfin douze n'avaient point atteint le chiffre de 1 once.

Dans le premier cas, les pertes subies avaient été de 47,50 0/0 ; dans le second de 43,46 0/0 et enfin dans le dernier, de 11,92 0/0 seulement. Ces chiffres établissent d'une manière claire et précise que les pertes subies dans l'ensemble ont été en raison directe de la quantité de graines mise en éclosion, toutes les autres conditions étant d'ailleurs censées être les mêmes.

Si l'on veut prendre maintenant pour point
de comparaison les seize communes qui ont été
relevées officiellement, comme s'étant livrées à
des éducations sur une grande échelle, mais
qui en réalité, d'après ce qui a été dit plus
haut, devraient être placées dans la catégorie
des moyennes, on voit que cinq d'entre elles
n'ont point donné de maladies et que les onze
autres ont été atteintes dans une proportion de
50 0/0, le chiffre le plus bas ayant été de 29 0/0,
et le plus élevé de 70 0/0.

On voit par ce qui précède que, s'il n'a pas
été possible d'établir, au vu des documents officiels, l'influence, peut-être hypothétique d'ailleurs, des lieux ou des climats, on peut en in-
duire d'une manière certaine et d'acord avec
l'opinion des hommes compétents, que les petites éducations ont présenté sur les grandes
ou disons plutôt sur les moyennes en Savoie,
un avantage marqué au point de vue des pertes
éprouvées.

Du reste, sans vouloir non plus se montrer
trop absolu dans une question où il faut bien
faire la part des soins plus ou moins entendus,
de l'habileté professionnelle de chacun, on peut
penser qu'ici, comme dans quelques mala-

dies épidémiques analogues qui ont sévi sur les végétaux, tels que la pomme de terre et la vigne, la vraie cause de la maladie des vers à soie est fugitive , et elle a échappé, on peut le dire, aux investigations les plus sérieuses et les plus attentives.

Le mode de sélections microscopiques des graines de M. Pasteur a donné de bons et utiles résultats, toutes les fois qu'il a été appliqué par lui et par quelques-uns de ses élèves; mais il n'a pu tomber dans le domaine public, et il sera resté plutôt à l'état d'expérience que de procédé pratique et usuel.

Des éducateurs de l'arrondissement de Chambéry m'ont du reste assuré avoir obtenu des résultats heureux avec des graines atteintes de *corpuscules* , mais à la condition de les faire éclore loin des lieux où elles avaient été produites.

D'autres, au contraire, exemptes de *corpuscules*, que l'on faisait éclore dans des endroits où sévissait la maladie, donnaient des résultats désastreux.

Le système de chauffage, inventé par le docteur Carret, de Chambéry , n'est point encore assez répandu en Savoie, pour qu'il soit possible de se rendre compte de l'efficacité ou de l'innocuité qu'il a pu avoir au point de vue de la maladie. Mais il sera bon de suivre, s'il est possible, les expériences qui ne manqueront point d'être faites dans l'avenir et de tenir note des indications qu'il serait utile de recueillir dans l'intérêt de l'élevage et de l'éducation des vers à soie.

Pour faire les éducations dont il a été parlé plus haut, il n'a pas fallu moins de 2,705,500 kilog. de feuilles de mûrier, à raison de 700 kilog. par carton ou once de graines.

Le prix de la feuille a varié de 0, 03 cent. à 0,10 cent. La moyenne peut être de 0,05 cent. Cette quantité représenterait donc la somme de 135,275 francs qui a profité et est restée acquise au département.

Il est facile de se rendre assez exactement compte du nombre de mûriers plantés en Savoie. On a calculé que chaque mûrier produit 30 kilog. de feuilles ; la consommation ayant été, ainsi qu'on l'a vu, de 2,705,500 kilog., c'est donc 90,183 mûriers qu'il a fallu dépouiller de leurs feuilles. Mais, il convient d'ajouter à ce chiffre 25 0⁄0 pour ceux qui ne se cueillent pas et restent en réserve, ce qui porterait le nombre total à 112,728 mûriers. On aurait à la rigueur trouvé encore ainsi 676,350 kilog. de feuilles qui eussent pu servir à l'alimentation de 966 onces de graines, soit 25 0/0 de la quantité totale mise à l'éclosion.

Sur la quantité de 68,087 kilog. de cocons qui ont été récoltés en Savoie dans un but de spéculation, on peut admettre, d'après les calculs les plus positifs, que 22,400 kilog. ont été filés dans le pays, et ont donné ainsi 1,359 kilog. de soie grége, d'une valeur totale de 107,428 francs, à laquelle il convient d'ajouter une somme de près de 4,000 francs pour produit de vente des doubles, percés, chiques, fonds de bassine, qualités inférieures que des industriels achètent et utilisent, et qui représentent 15 0/0 du poids total et 3 0/0 de la valeur.

Je me suis efforcé de rendre compte, aussi exactement qu'il m'a été possible, de la situation relative à l'éducation des vers à soie ; que faut-il conclure, en terminant cet exposé, des faits que je viens d'énumérer ?

C'est qu'une industrie qui a produit une somme de 413,029 francs, répartie au profit de

1,915 personnes, qui ont pu s'y livrer sans que
leurs occupations ordinaires aient eu à souffrir
de la perte de temps qu'elles ont consacré à
l'éducation ; qui a fait profiter les cultivateurs
et les propriétaires sans peine et sans efforts
d'une somme de 135,275 francs pour vente de
feuilles de mûrier ; qui a laissé aux mains des
filateurs du pays une somme brute de plus de
100,000 francs ; qui, en résumé, avec les sa-
laires de quarante-deux ouvrières, qui n'ont
pas gagné moins de 12 à 15,000 francs, a jeté
dans le département une somme totale, qu'il
n'est pas déraisonnable d'estimer, au bas mot,
à 700,000 francs ; c'est qu'une semblable industrie, dis-je, est destinée avec la cessation de
la maladie à prendre un grand développement,
et qu'elle appelle tous les encouragements du
gouvernement et du département dans la li-
mite de leurs attributions respectives.

Mais il faut bien comprendre que si l'Etat a
des devoirs à remplir, les particuliers ne doivent point se reposer entièrement sur lui ; ils
doivent tout d'abord compter sur leur initiative
individuelle ; ils doivent se souvenir du pro-
verbe : *Aide-toi, le Ciel t'aidera;* ils doivent
faire tous leurs efforts pour faire cesser la rou-

tine, réformer les mauvaises habitudes, éclairer de leur jugement et de leur pratique les populations rurales intéressées à la conservation d'une industrie vitale pour le pays, qui peut doubler, quadrupler, décupler peut-être et devenir une ressource si utile pour les intérêts matériels des campagnes et des villes.

Ils auront ainsi fait acte de bons citoyens, en même temps qu'ils trouveront une rémunération toujours fort utile en toute entreprise.

Je ne croirais cependant pas avoir terminé ce travail, si je ne faisais ressortir ici les conditions si différentes de production de la soie en Italie et en Savoie, ces conditions qui font facilement accepter et même désirer par un très-grand nombre de producteurs du pays, l'établissement d'un droit à l'importation qui ne serait pas supérieur à 3 0/0 (1).

Ce droit protecteur s'impose en quelque sorte en présence des résultats qu'il ne dépend ni de l'intelligence, ni de l'initiative, ni de la volonté humaine de modifier d'une manière sensible. Quelle que soit, en effet, la bonté du sol en Sa-

(1) Délibération de la Chambre de commerce de Chambéry du 11 janvier 1872.

voie, quelque favorable que puisse être son climat pour le développement des mûriers, le sol riche et plantureux de l'Italie , son climat beaucoup plus chaud, offrent bien plus de conditions avantageuses pour la culture de cet arbre.

Il en résulte que, si à la vérité, les soies d'Italie sont plus duveteuses que celles de la Savoie, en revanche, les cocons sont beaucoup plus nourris, les produits plus abondants, et que la différence de qualité, qui importe peu dans bien des cas, ne joue qu'un rôle fort minime dans les rapports des produits.

On obtient, en effet, facilement en Italie, 1 kilog. de soie avec 10 ou 12 kilog. de cocons, tandis qu'en Savoie il ne faut pas moins de 14 à 15 kilog. pour obtenir le même rendement, ce qui constitue au détriment de ce pays un désavantage de 25 à 30 0/0 déjà. D'un autre côté, la main d'œuvre est incomparablement moins chère en Italie qu'en Savoie; on peut l'évaluer, au dire des gens les plus compétents, à 40 0/0 sans exagération.

L'idée de droits compensateurs de ces avantages peut donc être invoquée par les parties intéressées, et, bien que les arguments de protection ne soient guère en faveur en ce moment, et que ceux qui défendent ces idées dans la mesure de ce qui est sage et équitable, soient vus d'un fort mauvais œil, il ne me semble pas qu'on fasse acte de mauvais citoyen en les discutant, en les approuvant même.

Loin de moi la pensée de repousser ce qu'il y a de vrai, de logique dans la suppression des prohibitions; ce qu'il pouvait y avoir de fécond, d'utile pour l'industrie française dans la conclusion des traités de commerce qui devaient stimuler par la concurrence les efforts de la France; mais loin de moi aussi la pensée d'approuver la liberté illimitée, comme la demandent certains économistes, une liberté qui doit laisser l'industrie française à la merci de ses rivales plus riches, plus habiles, et qui ne se sont défaites du manteau de la protection, que lorsqu'elles ont été bien assurées de n'en avoir plus besoin pour se garantir.

En 1860, on n'était pas plus prêt en France pour lutter pacifiquement sur le terrain industriel avec l'Angleterre et la Belgique, qu'en 1870, on ne l'était pour lutter à main armée avec la Prusse.

En 1860 comme en 1870, on n'était pas dans le vrai, on a succombé et on a supporté les conséquences de cet état de choses d'une manière désastreuse.

Mais ce sujet pourrait m'entraîner plus loin que ne le comporte la question spéciale que j'ai eu l'intention de traiter ; la discussion d'ailleurs est ouverte en ce moment devant l'Assemblée nationale, et les débats ne manqueront pas d'éclairer cette délicate et intéressante question.

Disons en terminant que, si l'on n'a pas été dans le vrai en 1860 en allant trop vite, on ne serait pas dans une meilleure voie en détruisant brusquement tout ce qui a été fait à cette époque, en revenant à des idées exagérées de protection.

Demandons instamment que les tarifs douaniers soient révisés d'une manière définitive afin que le commerce ne se voie point à chaque instant sous le coup de changements de droits incessants, qui ne lui permettent pas d'engager des opérations lointaines et à longue échéance, et paralysent le développement des relations avec l'étranger.

L'Exposition de Lyon va bientôt ouvrir ses portes; espérons que la Savoie ne manquera pas à l'appel qui lui a été fait, et que la sériciculture du département y sera dignement représentée.

Chambéry, typ. D'ALBANE, place St-Léger.